Todos los libros de Linkgua Ediciones cuentan con modelos de Inteligencia Artificial entrenados por hispanistas. Pregúntale al chat de tu libro lo que desees acerca de la obra o su autor/a.

Para ebooks: Accede a nuestro modelo de IA a través de este enlace.

Para libros impresos: Escanea el código QR de la portada con tu dispositivo móvil.

Obtén análisis detallados de nuestros libros, resúmenes, respuestas a tus preguntas y accede a nuestras ediciones críticas generativas para una experiencia de lectura más enriquecedora. La transparencia y el respeto hacia la autoría de las fuentes utilizadas son distintivos básicos de nuestro proyecto. Por ello, las respuestas ofrecen, mediante un sistema de citas, las fuentes con las que han sido elaboradas.

Ángel de Saavedra. Duque de Rivas

Viaje al Vesubio

Barcelona 2024
Linkgua-ediciones.com

Créditos

Título original: Viaje al Vesubio.

© 2024, Red ediciones S.L.

e-mail: info@Linkgua-ediciones.com

Diseño de cubierta: Michel Mallard.

ISBN rústica ilustrada: 978-84-9629-044-0.
ISBN ebook: 978-84-9897-529-1.

Sumario

Créditos   4

Brevísima presentación   7
   La vida   7

Viaje al Vesubio   9

Libros a la carta   27

Brevísima presentación

La vida

Angel Saavedra Duque de Rivas (Córdoba, 1791-Madrid, 1865). España.

Luchó contra los franceses en la guerra de independencia y más tarde contra el absolutismo de Fernando VII, por lo que tuvo que exiliarse a Malta en 1823. Durante su exilio leyó obras de William Shakespeare, Walter Scott y Lord Byron y se adscribió a la corriente romántica con los poemas El desterrado y El sueño del proscrito.

Viaje al Vesubio

Desde mi llegada a Nápoles, el objeto que más me ha ocupado la imaginación ha sido el Vesubio, este soberbio gigante que se alza aislado y solo en medió de la llanura más hermosa y apacible del mundo, que domina el golfo más risueño del Mediterráneo, que se ve circundado a respetuosa distancia por elevados montes cubiertos de población y de arboleda, y que mira a sus pies, más como tirano que como protector, una de las primeras y más ricas capitales de Europa, considerables y risueñas poblaciones y preciosas quintas, que duermen tranquilas sobre otras famosas ciudades y apacibles jardines que ha devorado el volcán. Así, los niños juegan, travesean, descansan y duermen entre los árboles y flores del cementerio en que yacen sus abuelos, sin recordar siquiera sus nombres y sin pensar que los aguarda el mismo destino.

¡Cuán gallardo se eleva el monte Vesubio, ofreciendo desde lejos al viajero atónito sus atrevidos contornos, que se destacan sobre un apacible cielo y que encierran la figura de un ancho cono casi regular, desde que se separa de la montaña de Somma, a quien está unido por la base y con la que se cree que en tiempos remotísimos formaba un solo cuerpo!... Lo fértil y risueño de su falda, donde reina una perpetua primavera; la abundante y lozana vegetación de sus empinadas lomas; su elevada cima cubierta de escorias y cenizas, que se bañan por la tarde de un apacibilísimo color de púrpura, y el penacho de humo, ya blanquecino, ya negruzco, ya dorado por los rayos del Sol, que corona su frente, forman un todo tan grande y tan magnífico, que visto una vez no se olvida jamás, porque nada puede borrarlo de la fantasía.

La subida al Vesubio debe hacerse de noche para gozar mejor del efecto del fuego y para admirar desde su elevada cumbre el amanecer, la salida del Sol, y a la luz del nuevo día, el magnificentísimo país que señorea. No quise, pues, dejar pasar la hermosa y apacible Luna de julio sin que alumbrara en la penosa diversión de trepar a las cumbres del volcán, que estaba además encendido y amagando una pequeña erupción.

A las once de la noche del día 31 de julio salimos de mi casa de Nápoles en dos carretelas las siete personas que formábamos la expedición; entre ellas, la joven y linda condesa de Escláfani, con su marido (españoles); el príncipe de Schwarzenberg y el señor Yrizar, magistrado de Filipinas, que acababa de venir de allá por el istmo de Suez. La Luna estaba en todo su esplendor y rodaba por un cielo purísimo. No agitaba la atmósfera el más pequeño ambiente. El mar, tranquilo como una mansa laguna, dormía mudo en las blandas arenas de estas risueñas playas. Rápidamente recorrimos el camino de más de una legua que va hasta Resina, y que es una calle continua de palacios, verjas de jardines y elegantes edificios, que, iluminados por la Luna, parecían la decoración de un teatro. Durante nuestro viaje, no separamos los ojos del coloso, a cuyos hombros íbamos a trepar y cuya espantosa boca íbamos a examinar de cerca. Su oscura masa se dibujaba clara y distintamente sobre el fondo del cielo estrellado, coronando su cima una columna de humo encendido. Parecía el inmenso casco empavonado de un titán, sobre cuya cimera volaba un penacho rojo.

Llegamos a Resina, donde ya teníamos preparados guías, caballos, portantinas, hachas de viento y las provisiones necesarias para tan penosa expedición. Pero encontramos agitada la gente con la noticia de haber ladrones en la montaña.

Y era cierto. Dos viajeros españoles habían retrocedido desde la ermita para esperar mi llegada y hacer la subida con más seguridad. Eran éstos el señor don Lino Campos y el señor Basualdo, que vinieron inmediatamente a saludarnos, y nos refirieron que dos viajeros prusianos que, acompañados de un solo guía, subían al cráter, acababan de encontrarse con cuatro facinerosos, que los habían robado y malherido a uno de ellos. No nos arredró este acontecimiento, porque éramos muchos y ya se había puesto en movimiento la gendarmería del territorio para asegurar el monte, donde, preciso es decirlo en honor de la verdad, ocurren muy rara vez casos semejantes.

Dejamos nuestras carretelas, montamos en los caballos acostumbrados al viaje y formamos una caravana de catorce personas, con gran número de guías y el capataz de ellos, hombre muy práctico en aquellos escabrosos lugares. A pesar de que la Luna era clarísima, como teníamos que atravesar los callejones que forman las aceras de las huertas y jardines, luego, por entre espesas arboledas, se encendieron varias hachas de viento, a cuya roja luz presentaba una apariencia verdaderamente fantástica nuestra cabalgada, rodeada de aquellos hombres atléticos y medio desnudos, de rudo aspecto y de robustas formas.

Empezamos a subir lentamente por un camino pedregoso y desigual, y desembarazados de los tapiales y caserías, entramos en los bosques y viñedos que cubren y entapizan aquella falda. Y notamos que el Vesubio, que desde lejos parece tan liso, unido y poco fragoso, tiene quiebras asperísimas, profundos valles y espantosos despeñaderos, semejante a aquellas personas que parecen de lejos y en visita tan apacibles y mansas de condición y que luego en sus casas y tratados de cerca se ve que son unos verdaderos tigres.

A la hora larga de viaje penoso llegamos a la ermita, situada en una loma del monte, como a un tercio de su altura. Llámase ermita a un edificio muy capaz, con salón para viajeros, cocinas, caballerizas, tabernas y otras dependencias, y que aún le cuadraría más bien el nombre de parador, como le estaría mejor el de mesonero al ermitaño, que no tiene de tal sino el hábito. Es un hombre de más de sesenta años, que lleva más de veinte de estar en aquel, no yermo, sino tránsito continuo de extranjeros y nacionales de toda categoría, condición, edad y sexo, y conócesele a la legua que es hombre de mundo y acostumbrado al trato de gentes. Apeámonos todos fatigados y hambrientos, y aunque es contra regla el tomar alimento antes de la subida, porque con el estómago lleno se hace más fatigosa y hasta puede ser nociva, estábamos todos tales, que resolvimos, de común acuerdo, cenar ante todo. Subimos, pues, al salón de la ermita-posada. Allí nos hicimos servir el repuesto, y devoramos un corpulento pâté de foie gras y varias sabrosas frutas, agotando, entre alegre conversación, dos botellas de exquisito vino del Rin y otras dos de deliciosa manzanilla de Sanlúcar. Entre tanto, el ermitaño posadero nos presentó el libro en que suelen escribir sus nombres los viajeros, y no lo hicimos nosotros porque vimos en sus hojas mil necedades, escritas en varios idiomas, y algunos extravagantes dibujos más, de obscena mano que de mano maestra. Nos deteníamos allí más de lo regular, cuando nos puso en movimiento la áspera voz del capataz, diciéndonos que, si queríamos llegar al cráter antes del amanecer, no nos podíamos ya descuidar.

Volvimos a nuestras cabalgaduras, y en ellas aún anduvimos otros tres largos cuartos de hora por tortuosas sendas y estrechos y difíciles desfiladeros, atravesando un terreno asperísimo, y donde a cada paso aparecía más mezquina y raquítica la vegetación. En las gargantas del monte, a nuestra izquierda, veíamos petrificado el espantoso torrente de lava que en la erupción de 1822 puso a Reina muy cerca de correr la misma suerte que Herculano, sobre cuya tumba está fundada. Llegamos a una cresta que domina aquellos lugares, y que se llama el Atrio del Caballo, donde descuella una rústica cruz de madera, límite que marca, a los curiosos que quieren reconocer el volcán en sus erupciones, hasta dónde pueden llegar sin peligro cuando corren las lavas por aquel lado. A poco trecho no quedan ya ni aun señales de vegetación; piérdese y bórrase totalmente el camino, y el terreno es ya tan áspero y tan pendiente, que no pueden dar ni un paso más las caballerías, siendo, por tanto, preciso abandonarlas. Allí empieza lo fatigoso y lo terrible de la ascensión. A la pálida luz de la Luna y a la movible e incierta de las hachas de viento, se ve delante una interminable subida de unos 60 grados de inclinación, y en algunos parajes casi perpendicular, cubierta y erizada de espesas y colosales escorias, de puntiagudos peñascos, de lava petrificada, de materias carbonizadas y de cenizas negruzcas; horror da el verse a los pies de aquel inmenso coloso que parece esconde su frente en la región del fuego y a cuyos hombros se va a subir. Verifícase esto de tres maneras: los muy ágiles y de largo resuello trepan solos y como pueden por aquellas asperezas, donde no hay calzado que resista, dando continuos resbalones y caídas y llegando arriba medio muertos. Los que no se fían tanto de sus fuerzas ni de sus pulmones se hacen preceder por un guía que lleva dos largas correas cruzadas sobre el pecho; se agarran fuertemente de ellas, y caminan como colgados en la mayor ansiedad, faltándoles muchas veces el terreno en que afirmar los pies, y despechados de haber encadenado su albedrío y entregado su suerte a aquel hombre rudo y desconocido que, más ágil y fuerte que ellos, se complace acaso en llevar a sus víctimas por lo más difícil y peligroso. Y, en fin, los que por su desgracia se encuentran débiles o enfermos o con más años a cuestas de lo que quisieran, suben en portantinas. Esta se reduce a una mala silleta de madera blanca, como las del Prado de Madrid y las de las ventas y cocinas de Andalucía, con dos largos varales de castaño, sujetos y atados a un lado y a otro con tomizas. Las cuatro extremidades de estas dos rústicas palancas se apoyan en los hombros de cuatro robustos jayanes; como a santo en andas, llevan al cuitado viajero en la mayor ansiedad, con sus dos pies colgando y en el más inminente peligro. Lo empinado de la cuesta da una inclinación tan grande hacia atrás a la portantina, que es menester tenerse fuertemente asido a ella para no desocuparla, y trabajan los brazos y los puños todo lo que descansan las piernas y los pies. Como el terreno es tan desigual, a veces los portadores de un lado caminan por un sitio mucho más elevado que los del otro, y el desnivel de aquellas rústicas andas es tal, que parece imposible sostenerse en ellas. Muy a menudo, o tropieza uno de los mozos, o se le rueda el terreno, y resbala y cae, y da la portantina de repente tal sacudida, que parece va a precipitarse. Ya los cuatro conductores descienden rápidamente, resbalando quince o veinte pasos; ya se encuentran todos sin apoyo alguno y quedan en un pie buscando el equilibrio, y bamboleando al infeliz viajero sobre aquellos hondos abismos. La subida en portantina es la peor de todas, aunque parezca la más descansada.

Apenas empezamos la nuestra se cubrió el cielo de espesas nubes, robándonos la luz de la Luna, que apareció al través de ellas como un cadáver amortajado, y envolviendo la alta cumbre a donde nos dirigíamos, dieron al fuego un color opaco y más espantoso. Los hachones de viento eran ya los solos que nos alumbraban en tan penoso paso, y el ver su rojizo y ondulante resplandor, que abultaba las sombras de la montaña; los rudos semblantes y los toscos miembros de los guías y la larga hilera que formaba la caravana, trepando aquellos recuestos, y el oír los agudos gritos con que nos llamábamos unos a otros, y las maldiciones y reniegos de los que tropezaban, y los alaridos y palabrazas con que nos animaban y se animaban a sí mismos los hombres de la montaña, y los jayanes de las portantinas, y la hora y el sitio a donde con tanta fatiga nos dirigíamos, formaban un todo satánico y aterrador, que no parecía escena de este mundo.

Al cabo de una larguísima hora, que se nos figuró un siglo, llegamos a la cumbre deshechos en sudor y rendidos. Tomamos aliento y nos pusimos nuestros gabanes y capas, porque el frío de aquella región era muy penetrante y podía sernos muy perjudicial en el estado de cansancio y de transpiración con que nos encontrábamos. Caminamos aún unos doscientos pasos más sobre un terreno poco inclinado, llano y movedizo, todo compuesto de ceniza y piedras pequeñas, y llegamos al borde del cráter.

¿Quién puede describir el grande, el magnífico, el aterrador espectáculo que se presentó a nuestra vista? Quedamos mudos, inmóviles, extasiados, confundidos... Todas las fatigas, todos los peligros de la subida se nos olvidaron, y los hubiéramos arrostrado cien veces gustosos por vernos allí, por gozar de aquel indescriptible prodigio.

Es el cráter del Vesubio una conca circular de más de trescientas varas de diámetro y de unas ciento de profundidad, y hace el efecto de una plaza de toros vista desde el tejado, cuando el, su centro se quema de noche un árbol de pólvora. El fondo de esta conca es una costra que cubre el abismo, formada de lavas ya frías y petrificadas, ya encandecentes y de inmensas masas de azufre. Las paredes, de violento y desigual declive, son peñascos inmensos de lava, escorias, cenizas y materias carbonizadas. En medio de esta conca se alza un montecillo cónico de unas setenta varas de altura, con laderas lisas, negras y muy empinadas, y termina con una boca casi circular de unas veinte varas de diámetro, por la que vomitaba sin cesar una columna de humo espeso y un vivísimo resplandor. En lo profundo, y como si dijéramos en las entrañas de la tierra, se oía un ronco hervor, semejante a la respiración de un coloso aherrojado, y de rato en rato, con un intervalo muy corto, después de una detonación horrenda, como la descarga cerrada de un batallón o el estruendo de una pieza de grueso calibre, lanzaba un río de llamas, que se perdían entre el humo de cuarenta o cincuenta varas de altura, iluminando en torno los horizontes, y con ellas millares de piedras de todos tamaños encendidas, que, abriéndose como un plumero y elevándose a grande altura, caían luego como un granizo y con horrible ruido en las laderas del montecillo; rodando por ellas hasta apagarse o perderse en los arroyos de lava que lo circundan, hacían el efecto de las chispas de un fuego de artificio de gigantes.

El cráter del Vesubio estaba la noche que yo lo examiné cual acabo de describir. Pero varía de forma muy a menudo, y en las grandes erupciones desaparece esta conca, y todo su espacio forma la inmensa boca que arroja humo, llamas y peñascos encendidos, y ríos destructores de lava ardiente, que, resonando, se derrumban ya por un lado, ya por otro de la montaña, llevando la desolación y el exterminio a muchas leguas de distancia.

El cansancio nos obligó a echarnos en el suelo de aquella cresta sobre la blanda ceniza. Pero pronto advertimos que estaba abrasando y lanzando un vapor sulfuroso que nos ahogaba. Levantámonos más que de paso, y fuimos a buscar descansadero más fresco. En la mitad de la bajada del cráter lo encontramos en un enorme peñasco, donde tomamos seguro asiento y reparo contra el viento, que era fresco y penetrante en demasía. Algunos de la caravana no se contentaron con esto y bajaron con gran dificultad al fondo de aquella conca a observar de cerca los arroyos de lava, que, como culebras de fuego, serpenteaban en torno del montecillo. Gran riesgo corrió, por cierto, uno de los curiosos, pues debajo de los pies se le quebró la costra de lava y se vio muy a pique de hundirse en el abismo del volcán.

¡A cuántas consideraciones filosóficas, a cuántos recuerdos históricos da ancho campo el examen detenido del Vesubio!... Es, ciertamente, un enano si se le compara con el Etna y pon otros volcanes de América y Asia, pero ninguno de ellos es tan famoso, o bien porque está más a la mano, y donde se le visita con facilidad, o porque ha ejercido sus rigores contra víctimas más célebres y más conocidas, o, en fin, porque ninguno ofrece mayor interés a las investigaciones de los naturalistas. Sus erupciones han descubierto claramente cómo se forman los terrenos «plutónicos» y han enriquecido la mineralogía con mil especies nuevas y con singulares cristalizaciones, que figuran al lado de las piedras preciosas.

Todo es mudable y perecedero en la cima, en las laderas, en los contornos del Vesubio. Sus convulsiones subterráneas y sus erupciones han variado completamente la configuración del terreno que señorea. Ya ha presentado nuevas bocas, ya no ha dejado ver ninguna. Ya se han alzado colinas en la llanura, ya han desaparecido otras. Ya han retrocedido las playas, dejando nuevas ensenadas y ancones, ya han entrado mar adentro, formando nuevos cabos y promontorios. Así que la configuración del terreno de Nápoles y de su golfo es enteramente distinta de la que le dan las descripciones que de ella hacen los antiguos. Pompeya, por ejemplo, era puerto de mar, y las ruinas de aquella ciudad desventurada yacen hoy cuatro millas distantes de la marina.

Parece lo más conjeturable que el Vesubio se alzó del seno del mar, formando un solo cuerpo con la montaña de Somma, y que ardió en la más remota antigüedad. Apagado después por muchos siglos, disminuyó sus primitivas dimensiones, y se cubrió de vegetación. Consta que en una cueva que en él había se escondieron ochenta y cuatro gladiadores de la conjuración de Espartaco, y que en tiempo de Augusto era una apacible colina cubierta de viñedos y de árboles frutales. En el año 79 de la Era Cristiana volvió a levantarse bravo y destructor, y como repuestas sus fuerzas con tan dilatado sueño; y destruyó a Pompeya, Herculano, Stabia y otras ciudades y aldeas, dando nueva configuración al terreno, causando la muerte de Plinio el Mayor, que quiso examinar de cerca aquel cataclismo, y ofreciendo ancho campo a la proverbial beneficencia del gran Tito.

Treinta y seis erupciones ha tenido el Vesubio desde entonces acá. En la del año 472 lanzó tan abundantes cenizas, que oscurecieron el cielo, y llegaron, impulsadas de un recio poniente, hasta Constantinopla. En la del año 1036 volvió a arrojar lava. Pero la más terrible de todas fue la de 1631. Los historiadores de aquel tiempo hacen de ella una descripción espantosa, y refieren que perecieron más de diez mil personas en los villajes, casales y campos que arrasó la lava. Hacía más de cien años que no daba señales de vida el monte, y creían completamente extinguido el volcán, pues según el abate Bracino estaba reducido a una loma poco elevada, y en su cima, donde ni aun señales había de cráter, y que estaba cubierto de frondosa vegetación, brotaban tres veneros de agua caliente. La elevación que hoy tiene el Vesubio la adquirió repentinamente en posteriores erupciones; en la de 1230 se elevó su cumbre prodigiosamente. Terrible fue la de 1737; se calculó la mole de su lava en un cubo de 113 toesas; aún se ve gran parte de ella hacia la Torre del Greco. En la erupción del año 1760 se abrieron dieciocho bocas que lanzaban fuego y lava en la falda del monte, muy cerca de la Torre de la Anunciata, poniendo esta preciosa población en gran conflicto. En la de 1767, los sacudimientos del volcán fueron tales, que tembló la tierra veinte millas a la redonda. En la de 1794, la lava recorrió un espacio de tres millas y media, y entró más de cien varas mar adentro. El frente de este torrente espantoso era de más de cuatrocientas varas, y su altura sobre la tierra de cinco. En la erupción de 1822 llegó a ser de más de una milla el frente de la lava, y puso en gran peligro a Resina y otra vez a la Torre de la Anunciata. En la de 1834, la masa de fuego rompió con estruendo espantoso hacia la aldea de Otajano, causándole daño incalculable. Desde entonces acá puede decirse que no ha habido erupciones, aunque haya arrojado fuego el volcán, pues la de 1839, que fue la última, no merece tal nombre: apenas lanzó lava y no causó mal alguno.

Mientras duran las erupciones, se oye en la falda de la montaña un espantoso ruido subterráneo, semejante al hervor de una inmensa caldera, y algunos días antes de romper se secan las fuentes y pozos de los alrededores, y se nota algún movimiento en el mar. Algunas temporadas parece el volcán completamente apagado, sin arrojar su boca ni el más leve vapor; dijérase entonces que duerme el coloso y que descansa el genio exterminador que habita sus entrañas. Pero lo más regular es que siempre lance humo, en mayor o menor cantidad. Algunas veces arroja ceniza en tanta abundancia, que anubla con ella completamente el Sol; otras, arena en tal cantidad, que cae luego como una espesa lluvia por todos los contornos, y también ha lanzado a grande altura copiosos ríos de agua hirviendo. Pero el espectáculo más sorprendente y magnífico que presenta el Vesubio es el conocido con el nombre del «Pino». Es éste una columna de humo y de ceniza que se eleva perpendicularmente desde el cráter a una prodigiosa altura, donde se extiende en torno en inmensa copa, formando la imagen del árbol que le da nombre. Plinio el Joven, comparó ya con él este fenómeno en la carta con que refiere a Tácito la muerte de su tío y la destrucción de Pompeya. Estas son sus palabras: «Nubes oriebatur, cujus similitudinem et forman non alia magis arbor quan pinus espresserit nam vetuti trunco elata in altum quibusdam ramis difundebatur». El pino que arrojó la erupción del año 1822 se elevó en el aire más de seis mil varas, y su copa presentó, al principio, una circunferencia de más de tres millas, y se fue luego extendiendo de modo que cubrió todo el cielo, causando tan espesas tinieblas, que no las penetraron los rayos del Sol, y hubo en Nápoles treinta y seis horas de oscurísima noche.

Las dimensiones actuales del Vesubio son unas veinte millas de circunferencia en su base y 3.600 pies de elevación sobre el nivel del mar.

No todos los volcanes arrojan lava, y ninguno lo ha hecho con más abundancia que el Vesubio. La lava es una masa de materias metálicas derretidas por la acción del fuego, y que forman una pasta fluida, semejante al vidrio licuefacto, que rebosa por los bordes del cráter y corre por las laderas hasta los valles, hasta la llanura, hasta el mar, arrasando cuanto encuentra. Afortunadamente camina muy lentamente aun por el mayor declive, y si encuentra a su paso algún muro no perforado con puertas ni ventanas bajas, se detiene y para a seis u ocho pasos de distancia; se hincha y, sin tocarlo. busca curso por uno u otro lado; pero si hay puerta o ventana, se precipita por ellas y destruye el edificio. Cuando su torrente de fuego se acerca a un árbol, aun antes de tocarlo, gime y estalla el tronco, se secan y caen repentinamente las hojas y arde el esqueleto con vivísima llama en cuanto lo toca la lava.

Conserva ésta el color largo tiempo, y empieza a enfriarse cubriéndose de ásperas escorias su superficie. Fría del todo, se hace pétrea y durísima, y se cortan de ella losas con que están empedradas las calles de Nápoles y de todos los pueblos de la redonda, y grandes sillares para todo género de construcciones. Admite pulimento, y es capaz de todas las labores del más delicado cincel. Su color en este estado es ceniciento oscuro con diferentes vetas.

También arroja el Vesubio cristalizaciones particularísimas que, trabajadas por el arte, parecen piedras preciosas, y que figuran como tales en los más ricos aderezos.

Embebecidos en la contemplación del volcán, en recordar su historia y en oír las vulgares tradiciones qué en su dialecto particular nos referían los hombres de la montaña, se pasó rápidamente el tiempo, y empezó la aurora a esclarecer los horizontes. A su blanca luz perdió mucho de su efecto aterrador el fuego del volcán, pero se aumentó el del humo, que se elevaba en fantásticos nubarrones por el espacio. Y notamos entonces que no solo salía de la boca del montecillo situado en el fondo del cráter, sino que, más o menos espeso, brotaba por todas las grietas de la montaña y hasta de las hendiduras de las peñas en que estábamos sentados.

El capataz. de los guías nos manifestó que, si queríamos gozar del espectáculo del Sol naciente, debíamos apresurarnos a subir al más alto pico del borde del cráter, que cae a la parte oriental del Vesubio. Subimos a él sin tardanza, enterrándonos en ceniza caliente hasta las rodillas y tropezando con grandes peñascos de lavas, y al llegar a su cumbre se presentó a nuestros anhelantes ojos la más grande, la más magnífica escena del mundo.

El fresco viento de la mañana había barrido el cielo de nubes y despejado completamente la atmósfera. En aquella altura nos encontrábamos como entre el cielo y la tierra y respirando un aire purísimo. Clavamos, en silencio, los ojos en el Oriente y vimos ceñido el remoto horizonte con una ráfaga de grana perfilada de oro, sobre la cual se dibujan los contornos recortados de los montes Apeninos, cuya masa ofrecía un tono de azul turquí oscuro. Un momento después empezó a aparecer el disco del Sol, sin que le ofuscara el vapor más tenue, y alzándose lentamente, parecía una inmensa rueda de topacios. Destacado ya de las cumbres, y adquiriendo todo su rutilante esplendor, ofuscó nuestros ojos, que se inclinaron deslumbrados a la inmensa llanura que teníamos a los pies. Velada estaba con una ligerísima niebla blanquecina, y al través de aquella transparente gasa, vimos, a vista de pájaro, sus frondosas arboledas, sus feraces campos, sus risueños caseríos, todo cruzado de caminos y sendas, por los que hormigueaban ya los hombres y los ganados. Después que nuestros ojos se templaron y repusieron en tan agradable reposo, los tornamos al Occidente, y otro encantador espectáculo se desarrolló delante de nosotros. El hermoso golfo de Nápoles parecía una laguna de plata, y ligeros cisnes los pequeños barcos latinos que en todas direcciones lo surcaban. Sombríos aún los montes de Castellamare, contrastaban con las brillantes tintas de púrpura y oro que esmaltaban las cumbres de Capri, de Ischia y de Posilipo. Y Nápoles, la deliciosa la opulenta, la encantada Nápoles, parecía una belleza desnuda durmiendo en medio de un jardín. No hay en la Tierra vista más admirable.

¡Cuántas emociones tan diferentes, pero tan grandes, sentimos aquella noche y aquella mañana!... Emociones que han dejado tan profunda huella en mi imaginación que no se borrarán jamás. Sí; habíamos visto las más admirables obras del Creador, habíamos contemplado lo terrible de su ira en la boca del infierno, en el cráter de un volcán, y lo grande de su beneficencia en la puerta del cielo, en el Sol...

Ya era tiempo de descender del Vesubio; el calor empezaba con el día, y dispusimos volver a dar reposo a nuestras almas y a nuestros cuerpos, igualmente fatigados.

Desde aquella alta punta en que nos encontrábamos desciende, hasta lo más profundo del valle, que separa la montaña de Somma del Vesubio, una lisa rampa de ceniza de unos cincuenta grados de inclinación. Por ella se deja uno ir con gran rapidez y sin poderse detener, dado una vez impulso al cuerpo. Así lo hicimos, y en diez minutos, o antes, ya estábamos en la tierra de los mortales. Divertidísima es esta bajada, en que muchas veces se cae de espaldas o se rueda, sin ningún daño; pero no sin burla y risa de los compañeros de viaje más diestros o más afortunados. Ni hay en ello más peligro que el de encontrar soterrado en la ceniza algún pedazo de lava, contra el que es fácil romperse una pierna, o el que algún grueso pedrusco ruede detrás del viajero, lo alcance, lo derribe y magulle.

Deshechas las botas, abrasados los pantalones, destrozadas las levitas y abollados los sombreros, nos encontramos en el valle, y por él anduvimos como unas dos millas para llegar al sitio en que la noche anterior dejamos nuestras caballerías. En ellas, y por el mismo camino que trajimos, y que a la luz del día nos pareció mucho más empinado, áspero y peligroso, llegamos a la ermita. Hicimos un breve alto y continuamos, molidos y soñolientos, a Resina. Allí tomamos nuestros carruajes, que con gran rapidez nos condujeron a Nápoles, adonde llegamos a las nueve y media de la mañana.

Nápoles, 1844

Libros a la carta

A la carta es un servicio especializado para
empresas,
librerías,
bibliotecas,
editoriales
y centros de enseñanza;
y permite confeccionar libros que, por su formato y concepción, sirven a los propósitos más específicos de estas instituciones.

Las empresas nos encargan ediciones personalizadas para marketing editorial o para regalos institucionales. Y los interesados solicitan, a título personal, ediciones antiguas, o no disponibles en el mercado; y las acompañan con notas y comentarios críticos.

Las ediciones tienen como apoyo un libro de estilo con todo tipo de referencias sobre los criterios de tratamiento tipográfico aplicados a nuestros libros que puede ser consultado en Linkgua-ediciones.com.

Linkgua edita por encargo diferentes versiones de una misma obra con distintos tratamientos ortotipográficos (actualizaciones de carácter divulgativo de un clásico, o versiones estrictamente fieles a la edición original de referencia).

Este servicio de ediciones a la carta le permitirá, si usted se dedica a la enseñanza, tener una forma de hacer pública su interpretación de un texto y, sobre una versión digitalizada «base», usted podrá introducir interpretaciones del texto fuente. Es un tópico que los profesores denuncien en clase los desmanes de una edición, o vayan comentando errores de interpretación de un texto y esta es una solución útil a esa necesidad del mundo académico.

Asimismo publicamos de manera sistemática, en un mismo catálogo, tesis doctorales y actas de congresos académicos, que son distribuidas a través de nuestra Web.

El servicio de «libros a la carta» funciona de dos formas.

1. Tenemos un fondo de libros digitalizados que usted puede personalizar en tiradas de al menos cinco ejemplares. Estas personalizaciones pueden ser de todo tipo: añadir notas de clase para uso de un grupo de estudiantes, introducir logos corporativos para uso con fines de marketing empresarial, etc. etc.

2. Buscamos libros descatalogados de otras editoriales y los reeditamos en tiradas cortas a petición de un cliente.

www.ingramcontent.com/pod-product-compliance
Lightning Source LLC
Chambersburg PA
CBHW020448030426
42337CB00014B/1460